This book belongs to:

....

....

Illustrations by Paula Knight (Advocate)
English language consultant: Betty Root

This is a Parragon book
First published in 2002

Parragon
Queen Street House
4 Queen Street
BATH, BA1 1HE, UK

ISBN   0-75257-765-4

Printed in China

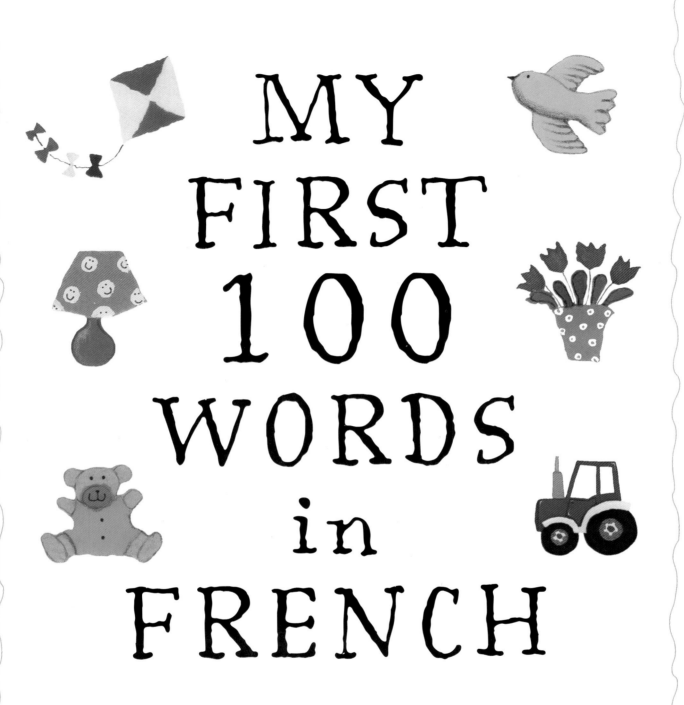

MY FIRST 100 WORDS in FRENCH

A first French-English word book

p

Ma famille
My family

Maman
Mum

Papa
Dad

le frère
brother

la soeur
sister

le bébé
baby

Mamie
Grandma

Papy
Grandpa

le chien
dog

A la maison
In my home

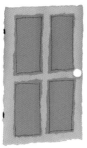

la porte
door

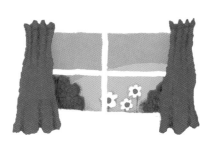

la fenêtre
window

le tapis
rug

la télévision
television

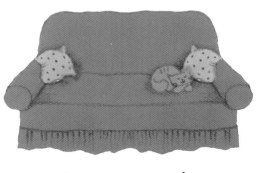
la chaise
chair

le canapé
sofa

la table
table

les fleurs
flowers

Je m'habille
Getting dressed

le maillot
vest

le slip
pants

le short
shorts

le pantalon
trousers

a jupe
skirt

les chaussettes
socks

les chaussures
shoes

la chemise
shirt

le pullover
jumper

Le repas
Mealtime

le bol
bowl

l'assiette
plate

le pichet
jug

le couteau
knife

la fourchette
fork

la cuillère
spoon

la tasse
cup

la soucoupe
saucer

Le jeu
Playtime

le train
train

la trompette
trumpet

le tambour
drum

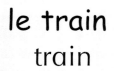
les cubes
blocks

diable à ressort
jack-in-the-box

la poupée
doll

la boîte de peinture
paints

le puzzle
puzzle

En ville
In the town

le bus
bus

le camion
lorry

le magasin
shop

le vélo
bicycle

voiture
car

la poussette
pushchair

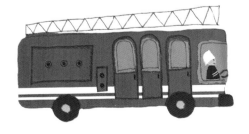

le camion de pompiers
fire engine

la moto
motorcycle

Au parc
In the park

les balançoires
swings

le toboggan
slide

la bascule
see-saw

le ballo
ball

la barrière
gate

l'arbre
tree

l'oiseau
bird

le cerf-volant
kite

Au bord de la mer
At the seaside

le seau
bucket

la pelle
spade

la glace
ice-cream

le poisson
fish

le château de sable
sandcastle

le t-shirt
t-shirt

le crabe
crab

le bateau
boat

le coquillage
shell

Aux magasins
At the shops

le panier
basket

le chariot
trolley

les bananes
bananas

les pommes
apples

les orange
oranges

les carottes
carrots

le pain
bread

les tomates
tomatoes

le lait
milk

le fromage
cheese

A la ferme
On the farm

le cheval

horse

la vache

cow

le fermier

farmer

le cochon

pig

la poule

hen

le chat

cat

le mouton

sheep

le tracteur

tractor

L'heure du bain
Bathtime

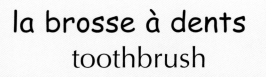

la brosse à dents
toothbrush

le dentifrice
toothpaste

la baignoire
bath

e canard	le savon	la serviette	le pot	le lavabo
duck	soap	towel	potty	sink

L'heure du lit
Bedtime

la lampe
lamp

les pantoufles
slippers

le lit
bed

le réveil
clock

le livre
book

la lune
moon

le pyjama
pyjamas

le nounours
teddy